POEMA

ExLibric

ROMI KIRILOVA

POEMA

ExLibric

POEMA
© Romi Kirilova
Diseño de portada: Dpto. de Diseño Gráfico Exlibric
Colaboración gráfica: Loló Suárez

Iª edición

© ExLibric, 2025.

Editado por: ExLibric
c/ Cueva de Viera, 2, Local 3
Centro Negocios CADI
29200 Antequera (Málaga)
Teléfono: 952 70 60 04
Fax: 952 84 55 03
Correo electrónico: exlibric@exlibric.com
Internet: www.exlibric.com

ISBN: 979-13-87707-36-1
Depósito Legal: MA 541-2025

Impresión: PODiPrint
Impreso en Andalucía – España

Nota de la editorial: ExLibric pertenece a Innovación y Cualificación S. L.

ROMI KIRILOVA

POEMA

EXLIBRIC
ANTEQUERA 2025

Para Sofi, Leni, Nico y Sasha

La noche azul, tierna y traviesa como niña,

camina descalza por la tierra y deja sus huellas.

Cruza la ciudad y entra en todas las

casas. Abraza el carnaval de Arlequín con mil juguetes bailando.

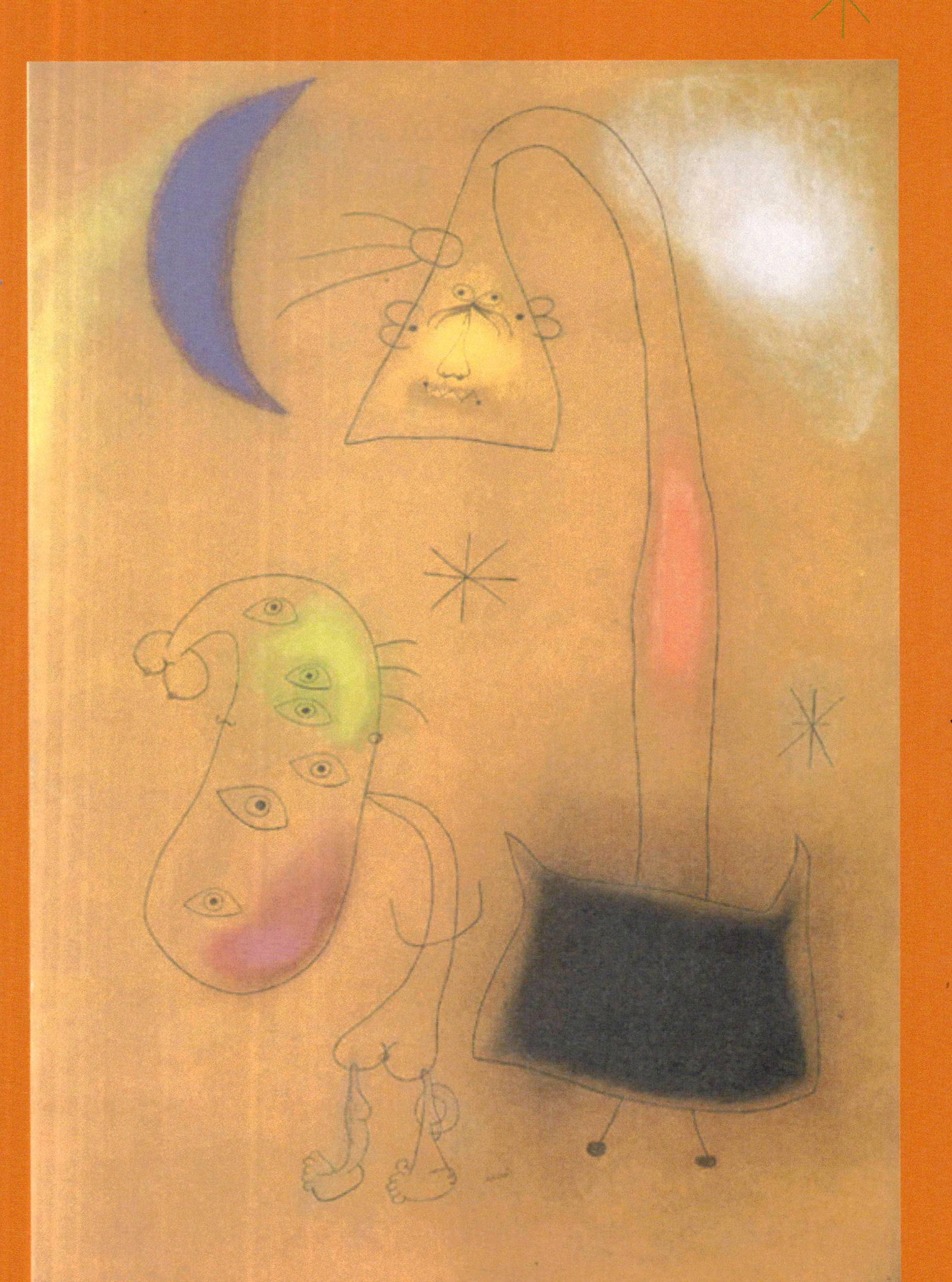

Juega en la

saluda a los

calle,...

tristes personajes que...

...andan en la oscuridad.

Sigue su paseo, salta los muros que separan las

como una fiesta con

música y...

fuegos artificiales.

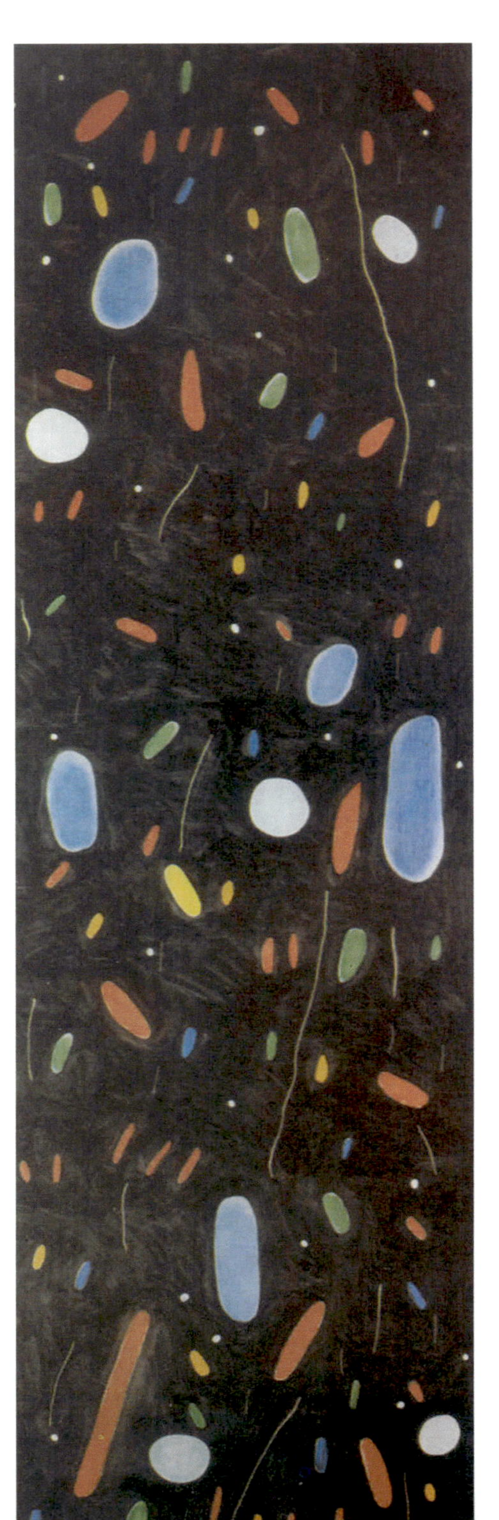

¡¡¡Cuántos gritos
y canciones!!!

O A O U U A E e i i E O o a i U o a u i u E e o o

Un espejo refleja su baile...

Entra en el cuarto de un solitario y lee

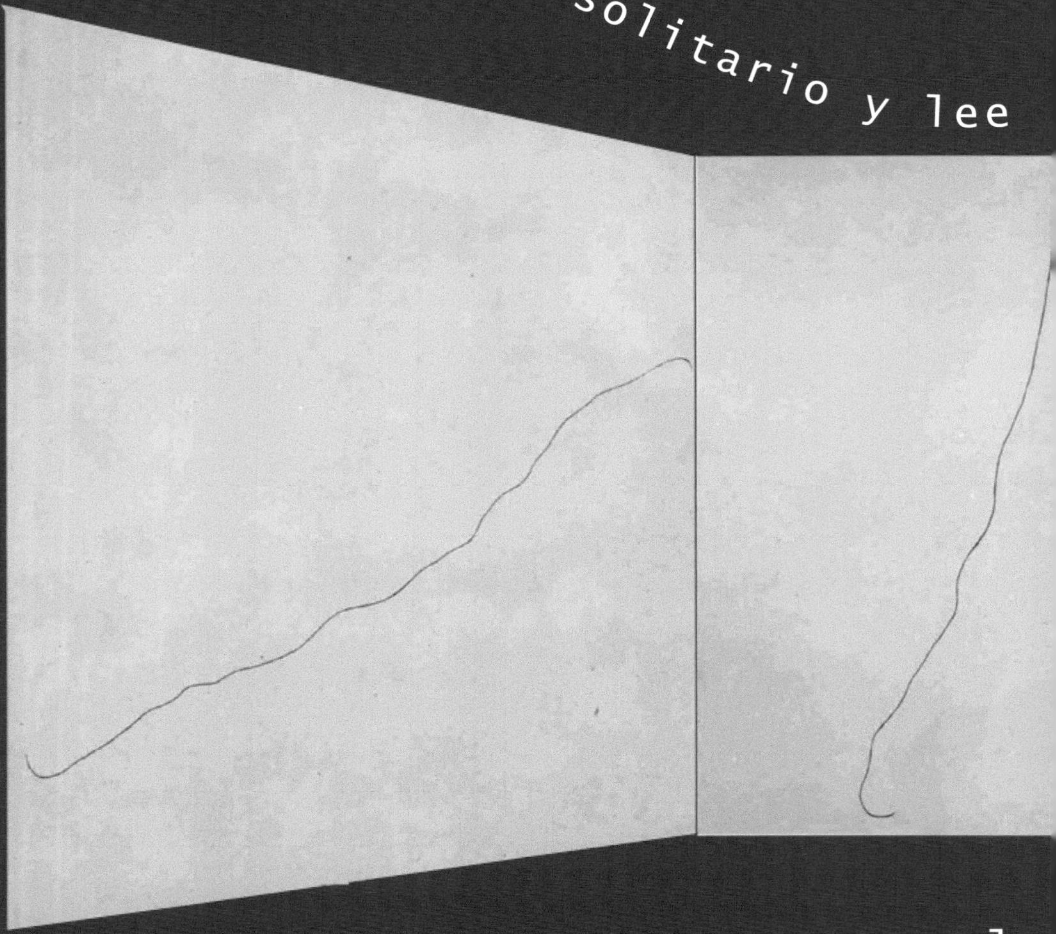

la

única firma
que hay
sobre las
paredes.

Sube paso a paso la escalera, que llega al cielo.

Abajo, un perro ladra a la luna.

Allí arriba la noche pinta de oro

el azul del cielo y todo

se hace

brillante.

Solo una estrella

queda a la luz del alba.

Devuelve a todo el mundo los sueños

se despide

robados,

de los extraterrestres, que

han aprovechado la oscuridad para

vernos

y que no les veamos nosotros.

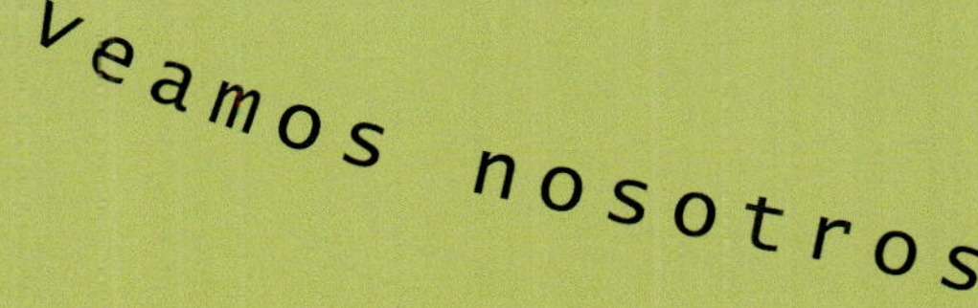

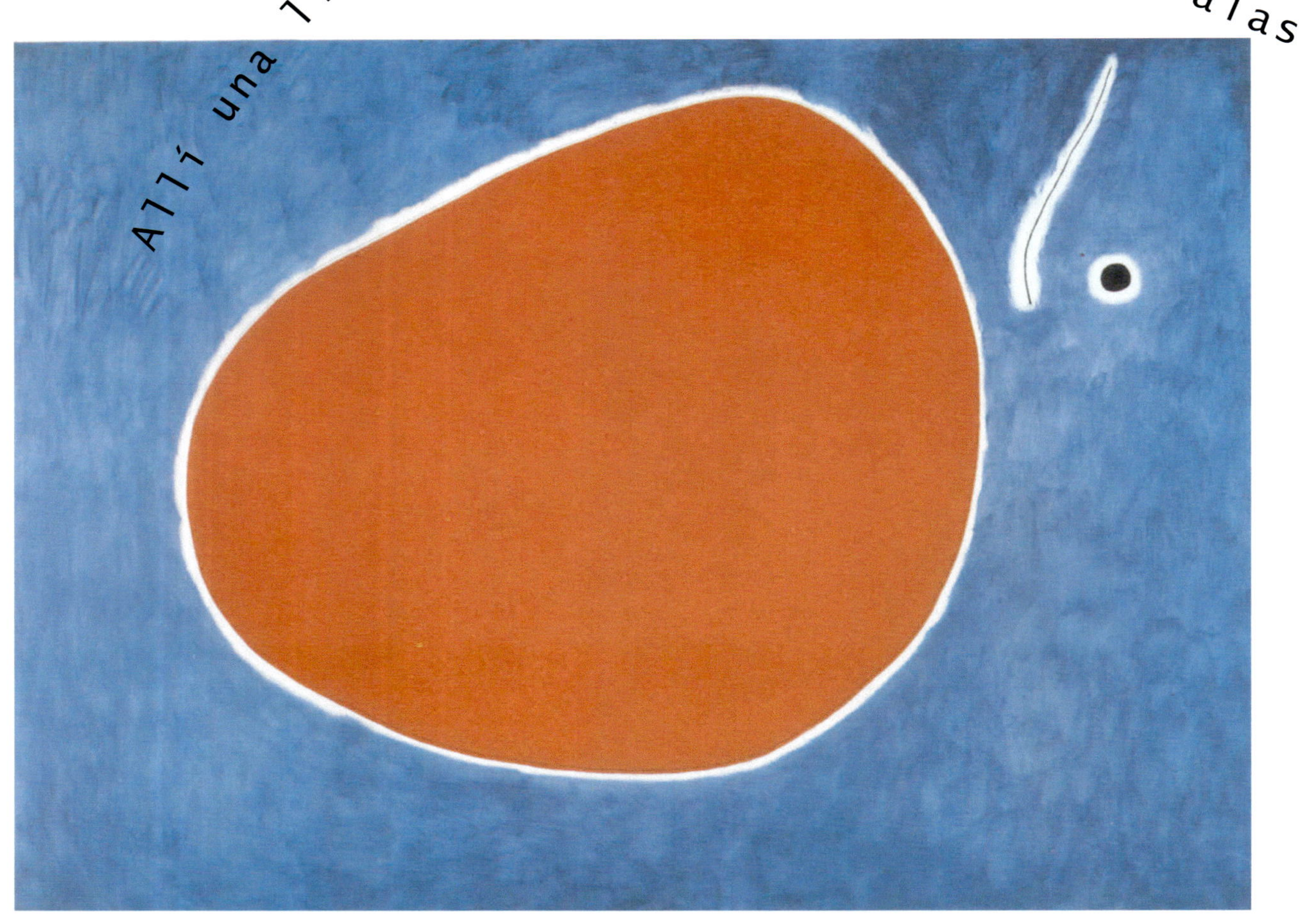

Allí una libélula volará hasta quemar sus alas
al sol naciente.

Así se va la noche y deja detrás

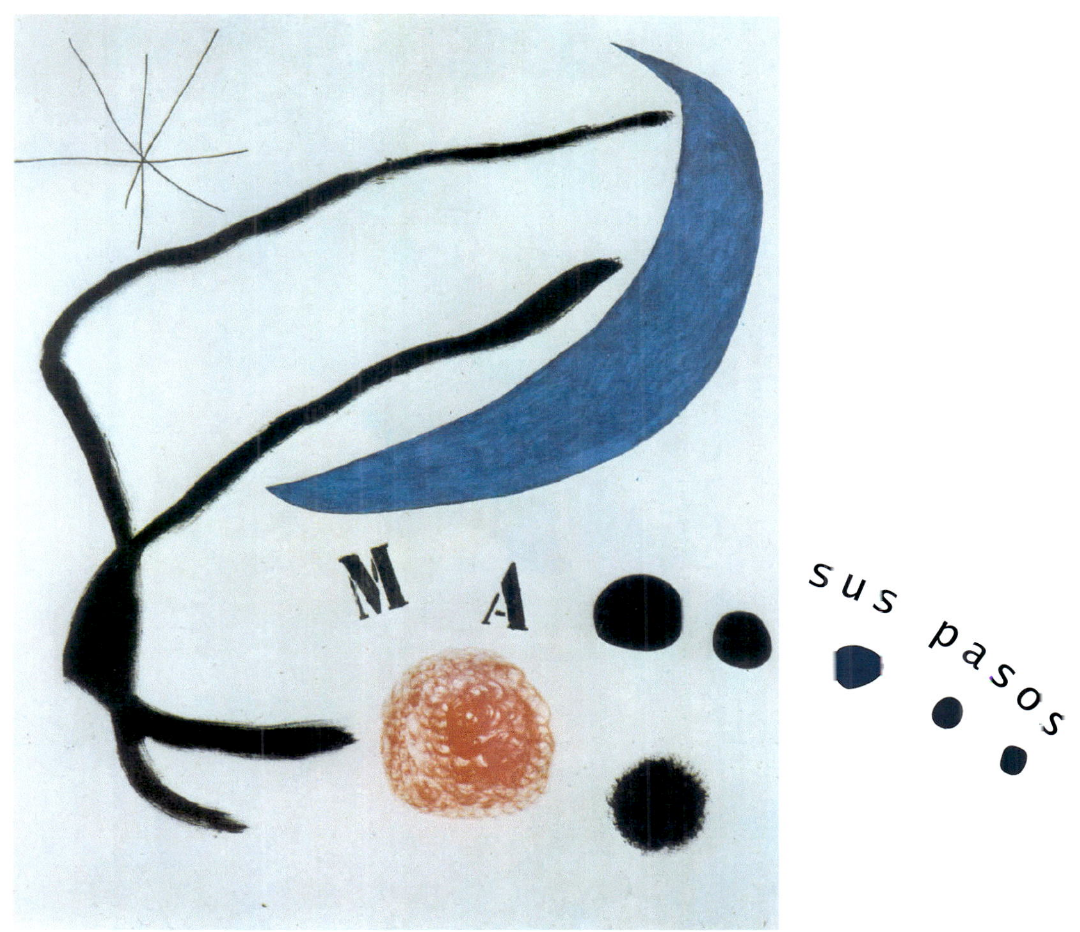

sus pasos

y un poema.

Y abre miles de ojos delante del día
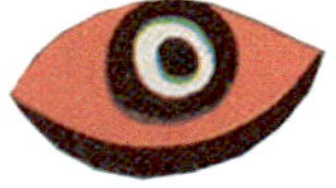

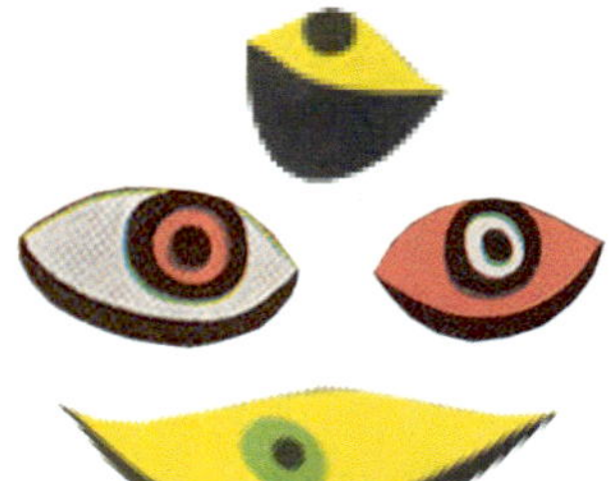

que viene.

Al escondite grafica los muros altos,

como lo hacen los chicos mayores.

Solamente el pequeño búho la ve...
y abre   sus alas

para despedirse.

También el hombrecito de tres pies

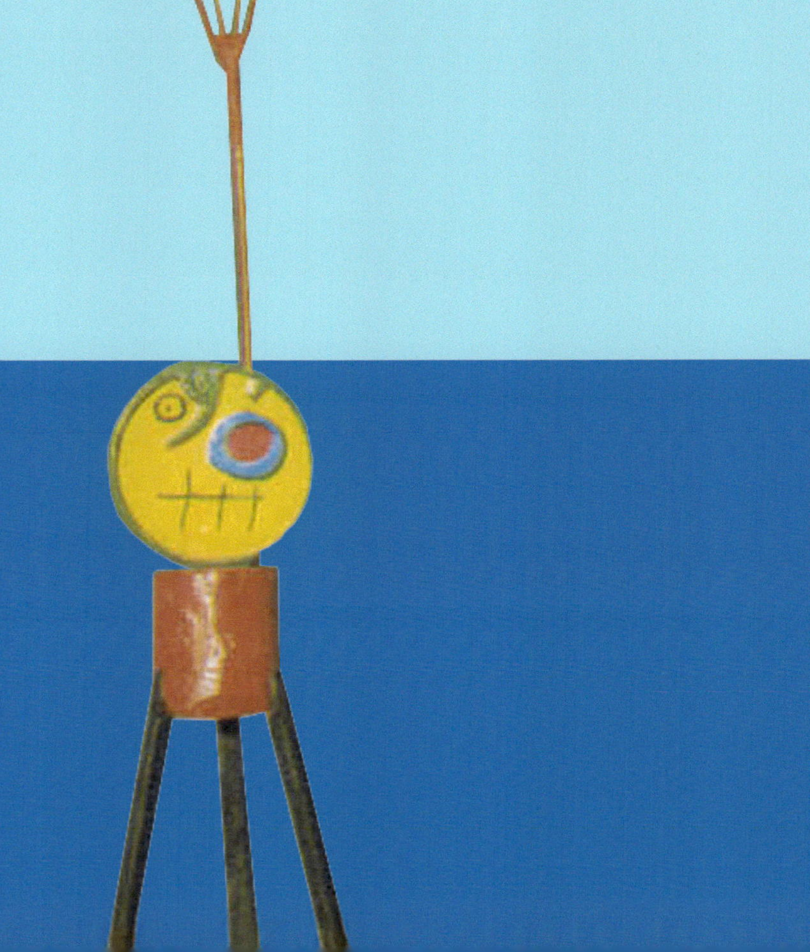

se despide de la noche.

Espera para ver de nuevo sus magias.

Hasta mañana

Obras de Miró en el libro

- *Blau 3* (1961). Pierre Matisse Galery, Nueva York.
- *Blau 2* (1961). Galería Maeght, París.
- *Carnaval de Arlequín* (1925). Knox Art Gallery, Nueva York.
- *Personajes en la noche* (1942). Atheneum, Helsinki.
- *Personajes en la noche* (1949).
- *Mayo* (1968).
- *Tríptico de los fuegos artificiales* (1974).
- *Chanson des Voyelles* (1967). Museo de Arte Mocerno, Nueva York.
- *Pintura con marco modernista* (1943).
- *Pintura mural para la celda de un solitario* (1968).
- *Perro ladrando a la luna* (1926). Museo de Arte, Filadelfia.
- *El oro de azur* (1967).
- *La estrella matinal* (1946).
- *Personajes y pájaros de fiesta por la noche, que se acerca* (1968). Colección Tàpies, Barcelona.
- *Serie* (1952).
- *Los magdalenianos* (1958).
- *El vuelo de la libélula delante del sol* (1968).
- *Poema* (1968).

- *El despertar de día* (1941). Colección Ralph Colin, Nueva York.
- Mar de la luna (1957). Edificio de la Unesco, París.
- Mural para la Universidad de Harvard (1960). Cerámica.
- Mural de cerámica instalado en el local de IBM en Barcelona (1976). Placas de cerámica.
- El pequeño búho (1954). Escultura de cerámica.
- Personajes de tres pies (1967). Fundación Joan Miró, Barcelona.

Sobre la autora

Romi Kirilova es una escritora búlgara afincada en Barcelona. Es autora de los títulos *La palabra más bonita* y *Buenos días, señor Tàpies*, este último publicado en Barcelona y Montevideo (Uruguay) y seleccionado para participar en el programa «La pedagogía y el arte» en Bolonia (Italia). También es autora de los poemarios *Las mujeres que viven en mí*, publicado en Sofía (Bulgaria), y *Espejito, espejito* (ExLibric, 2023).